ALFAGUARA

Conoce a Pablo Picasso

Mónica Brown

Ilustraciones de Diego Moscato

ALFAGUARA

"Si tan solo pudiéramos sacarnos el cerebro
y usar solamente los ojos".
Pablo Picasso

Para uno de mis artistas favoritos, mi hija Juliana.
Mónica Brown

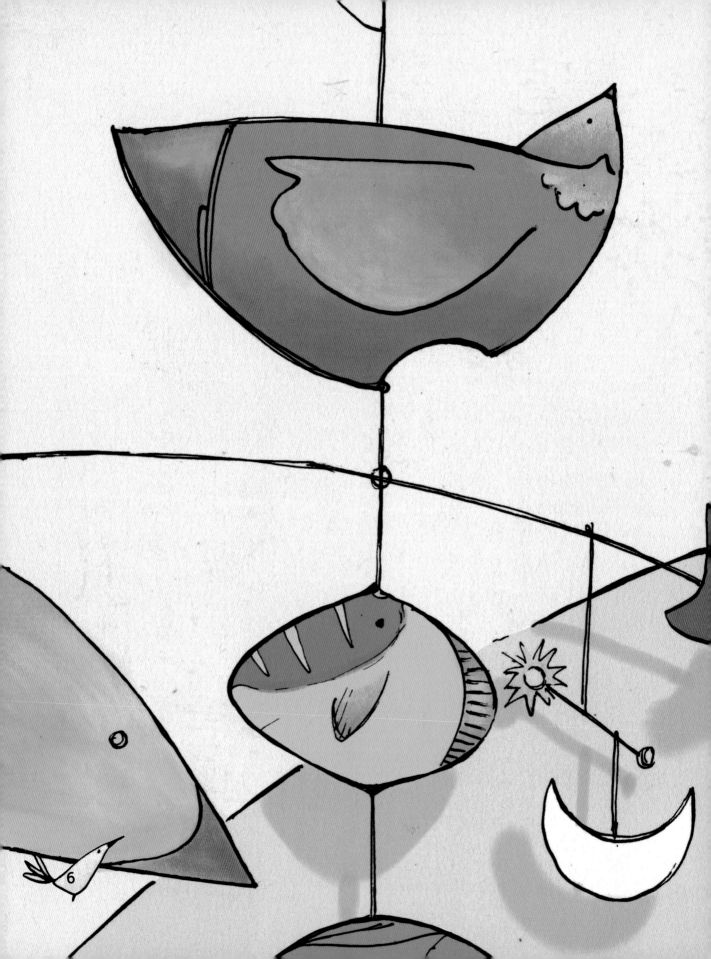

6

Un día de otoño, nació un niño en Málaga, España. Se llamaba Pablo Diego José Francisco de Paula Juan Nepomuceno María de los Remedios Cipriano de la Santísima Trinidad Ruiz y Picasso. Como era un nombre demasiado largo para un bebé, lo llamaban simplemente "Pablo".

Pablo resultó ser un niño muy curioso. Todos los días, al despertar, abría bien los ojos, como queriendo ver todo el mundo de una sola mirada.

¿Qué fue lo que vio?

Pablo vio muchas cosas. Vio corridas de toros
en la plaza, con su padre. Vio conejos y palomas.
Todos los días veía palomas. Entraban a su casa
por las ventanas, revoloteaban por todos lados
y luego volvían a salir. Cuando Pablo vio a su
padre dibujando y pintando palomas, decidió
que él también quería dibujar y pintar.

Las primeras palabras que salieron de su boca
cuando comenzó a hablar fueron "piz", "piz",
mientras trataba de alcanzar el lápiz de su padre.

8

Pablo pintó a su madre, a su padre, corridas de toros, palomas y todo lo que veían sus ojos.

Pablo dibujaba espirales y remolinos en papel, y cuando no tenía papel, dibujaba remolinos y espirales con el dedo en la tierra o en la arena.

Muy pronto, a Pablo le llegó el momento de ir a la escuela para aprender a leer, a escribir y a contar. Pero a él no le gustaba la escuela. Con cada cosa que veía, su imaginación lo transportaba muy lejos del aula de clase. Cuando se quedaba mirando los problemas de matemáticas, ¿qué era lo que veía?

En lugar del número 7, Pablo veía una nariz al revés. En vez del número 6, veía las alas de una paloma. En su cabeza, los números se convertían en imágenes y en historias.

La familia de Pablo vivió en diferentes lugares de España. Primero vivieron en Málaga, después en La Coruña y en Barcelona, una ciudad que está junto al mar. Al final, se mudaron a Madrid. Pablo tenía apenas 10 años cuando presentó y pasó una prueba para estudiar arte en una academia. Sin embargo, no era capaz de estar encerrado en un aula por mucho tiempo. Prefería explorar las calles de la ciudad para "tomar fotos" con sus ojos.

Cuando cumplió 19 años, Pablo visitó París,
la mágica Ciudad Luz. Le gustó tanto que decidió
irse a vivir allí. En París, se reunía en cafés y en
estudios con otros amigos, que también eran artistas.
Conversaban sobre el arte, la vida y el amor.

En su pequeño estudio, Pablo Picasso pintaba
todo lo que sentía y todo lo que veía...

Cuando murió su mejor amigo, Carlos, Pablo se puso tan triste que veía todo "azul". Cuando paseaba por la calle, solo veía las cosas más tristes, como mendigos, y madres y niños hambrientos. Se preguntaba si algún día volvería a sentirse feliz. Pablo pintó esas escenas tristes, y también pintó a su amigo Carlos, una y otra vez. Este tiempo de su vida y su obra fue lo que después se conoció como su "periodo azul".

16

Un día, en medio de una tormenta, Picasso conoció
a una mujer llamada Fernande, y se enamoró de ella.
Pablo se sentía tan feliz que comenzó a ver el amor y
la alegría que había a su alrededor. Le encantaba ver
a los personajes del circo, que eran capaces de hacer reír
a la gente: payasos, acróbatas dando volteretas y arlequines.
Pintó a muchos de ellos. Su mundo era "color de rosa" y así
eran sus pinturas. Este fue su "periodo rosa".

Pablo conoció a otro pintor que se llamaba George Braques. Comenzaron a pintar juntos, buscando nuevas maneras de representar la forma y la estructura de las cosas. Observaban los objetos, se los imaginaban partidos en pedazos y los pintaban de una manera diferente, como si los pudieran ver desde distintos ángulos al mismo tiempo. A este nuevo tipo de arte lo llamaron "cubismo".

21

A Pablo le encantaba pintar a las personas que formaban parte de su vida. Pintó a sus amigos, a sus hijos y a casi todas las mujeres con las que tuvo una relación importante. En muchas de sus obras aparecen mujeres: mujeres con abanicos, con guitarras, sentadas, paradas, bailando o corriendo por la playa. Este tipo de pinturas se llaman "retratos".

Cuando España estuvo en guerra, Pablo vio a mucha gente sufriendo. Después del bombardeo a una ciudad llamada Guernica, hizo una pintura especial en honor a los españoles que murieron en el ataque. Esta pintura, que también se llama *Guernica*, es quizás la obra más famosa de Picasso. Nos muestra los horrores de la guerra y nos recuerda que todos debemos trabajar por la paz.

BOMBARDE
GUERNICA

Los ojos de Pablo veían las formas, los colores y las texturas. Sin embargo, a veces él mismo decía: "Para poder pintar debes cerrar los ojos y ponerte a cantar".

Pablo Picasso pintaba para compartir con nosotros la música que sonaba en su corazón.

Como lo hacía Picasso, podemos usar nuestra imaginación para abrir muy bien los ojos, capturar en pedazos el mundo que nos rodea y volverlo a armar de una manera hermosa y original.

Mónica nos habla de Picasso

Pablo Diego José Francisco de Paula Juan Nepomuceno María de los Remedios Cipriano de la Santísima Trinidad Ruiz y Picasso nació en Málaga, España, en 1881, en el hogar de María Picasso López y el pintor y maestro de arte José Ruiz Blasco. A los 20 años de edad, Pablo decidió usar solo el apellido de su madre para firmar sus pinturas, y comenzó a darse a conocer simplemente como Pablo Picasso.

Pablo tenía dos hermanas: Lola y Concepción. Él era el mayor de los tres. Desde muy pequeño, Pablo demostró tener un talento artístico increíble. Muy pronto superó el trabajo de su padre, dejando perplejos a sus maestros. Siendo aún muy joven, su padre a veces le permitía terminar sus obras. Con los años, Pablo Picasso llegó a convertirse en uno de los artistas más importantes y revolucionarios del siglo XX.

Como muchos artistas jóvenes, Picasso se estableció en París. Trabajaba y vivía con poetas y otros pintores en un viejo edificio al que llamaban "el barco-lavadero". Picasso y sus amigos le dieron ese nombre porque el edificio se movía mucho cuando había tormentas y, además, se parecía a unos viejos barcos amarrados a orillas del río Sena que se usaban como lavaderos públicos.

Durante su carrera, Picasso experimentó con muchas técnicas, colores y estilos. Fue uno de los primeros artistas en usar la técnica del *collage*. Un *collage* es una obra de arte que se hace pegando trozos de diferentes materiales, como tela, madera, papel e incluso objetos de metal o de plástico.

La obra de Pablo Picasso se puede dividir en diferentes etapas, desde los periodos azul y rosa de su juventud, hasta el periodo marcado por la influencia del arte africano y el movimiento cubista que fundó junto con George Braque, seguido más tarde por el periodo neoclásico. Además de pintor, Pablo también fue escultor y diseñador de escenografías y vestuarios para obras teatrales.

Pablo Picasso murió en 1973, a los 91 años, en su casa del sur de Francia. Es considerado uno de los artistas más conocidos y admirados de todos los tiempos. Más de veinte mil obras de arte suyas pueden apreciarse en museos de todo el mundo. Su trabajo artístico continúa influenciando a muchos artistas.

Dentro de todas las cosas maravillosas que podemos aprender de Pablo Picasso, debemos siempre recordar estas palabras suyas: "Todos los niños son artistas. El problema consiste en buscar la manera de seguir siéndolo cuando se crece".

Glosario

abanico: Utensilio que sirve para darse aire, que se abre en forma de medio círculo.

academia: Lugar donde se aprenden distintos oficios o actividades, como el arte, la peluquería, ciertos deportes, etc.

acróbata: Artista de circo que hace actos de equilibrio, saltos y piruetas, con frecuencia peligrosos.

ángulo: Punto de vista, o posición desde la cual se observa algo.

arlequín: Tipo de payaso que por lo general lleva una máscara y un traje de rombos de colores.

café: Lugar abierto al público con mesas para sentarse donde se toma café y otras bebidas.

capturar: Atrapar una imagen, por ejemplo, en una foto o pintura.

corrida de toros: Espectáculo tradicional español.

cubismo: Movimiento artístico europeo de comienzos del siglo XX, caracterizado por la descomposición de la realidad en figuras geométricas.

curioso: Que tiene un deseo grande de saber o ver algo.

escena: Suceso o situación de la vida real.

espiral: Línea curva que da vueltas alrededor de un punto alejándose de él.

estructura: Orden o modo en que están colocadas las cosas que forman algo.

estudio: Cuarto donde trabajan los artistas.

horrores: Desgracias, sufrimientos o tragedias muy grandes.

mendigo: Persona muy pobre que pide dinero o comida a otros para vivir.

neoclásico: Movimiento o estilo en el que se revive la literatura, el arte o la música clásica.

original: Que no es copia de otra cosa; distinto de la mayoría; especial.

periodo: Cierto espacio de tiempo en el que ocurre o se hace algo.

plaza: Lugar donde se hacen las corridas de toros.

remolino: Figura que se dibuja al mover rápidamente en círculo el lápiz o el dedo.

representar: Hacer un dibujo, pintura, escultura o fotografía de alguien o algo, o imaginárselo de una manera.

revolotear: Ir moviéndose por el aire con movimientos rápidos y pequeños giros.

textura: Forma en la que están entrelazadas las fibras de un tejido u otro material, que hace que se sienta al tacto o se vea de cierta manera.

© De esta edición:
2014, Santillana USA Publishing Company, Inc.
2023 NW 84th Avenue
Doral, FL 33122, USA
www.santillanausa.com

© Del texto: 2014, Mónica Brown
www.monicabrown.net

Editora: Isabel Mendoza
Cuidado de la edición: Ana I. Antón
Ilustraciones: Diego Moscato
Dirección de Arte: Mónica Candelas
Traducción: Isabel Mendoza

Alfaguara es un sello editorial del **Grupo Santillana** Éstas son sus sedes:

ARGENTINA, BOLIVIA, BRASIL, CHILE, COLOMBIA, COSTA RICA, ECUADOR,
EL SALVADOR, ESPAÑA, ESTADOS UNIDOS, GUATEMALA, MÉXICO, PANAMÁ, PARAGUAY,
PERÚ, PORTUGAL, PUERTO RICO, REPÚBLICA DOMINICANA, URUGUAY Y VENEZUELA.

Conoce a Pablo Picasso
ISBN: 9781614353447

Published in the United States of America
Printed in USA by NuPress

19 18 17 16 15 14   1 2 3 4 5 6 7 8 9 10